# GÉNÉALOGIE

DE LA

# FAMILLE CHAPERON

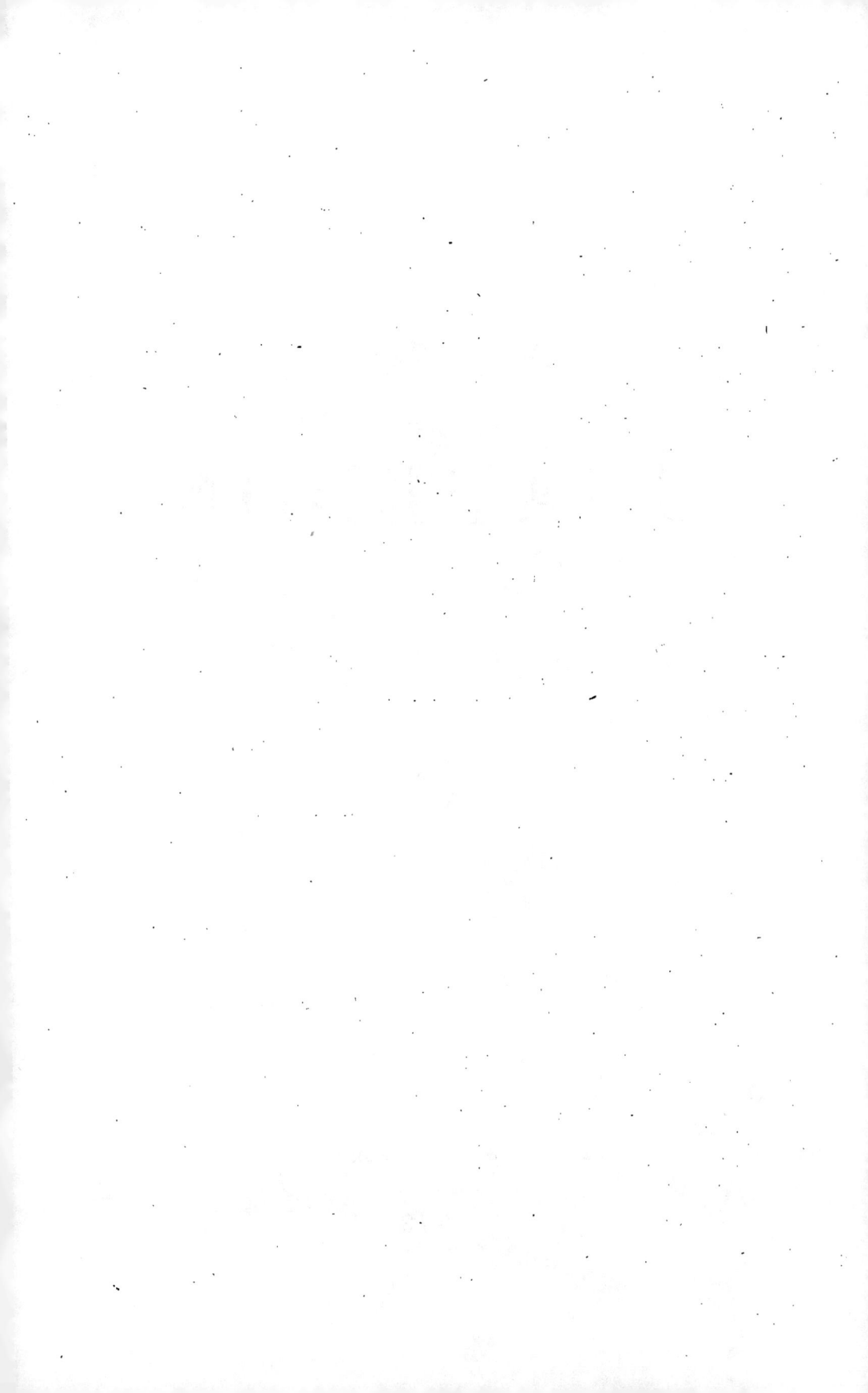

# GÉNÉALOGIE

## De la Famille

# CHAPERON

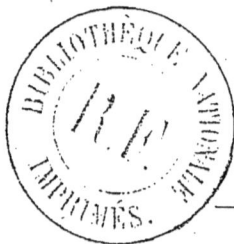

2me Edition complétée.

BREST

IMPRIMERIE ROGER PÈRE, RUE SAINT-YVES, 32

1873

A

GUILLAUME - CHÉRY  CHAPERON

———————

Je dédie ce travail à sa mémoire.

HENRI CHAPERON.

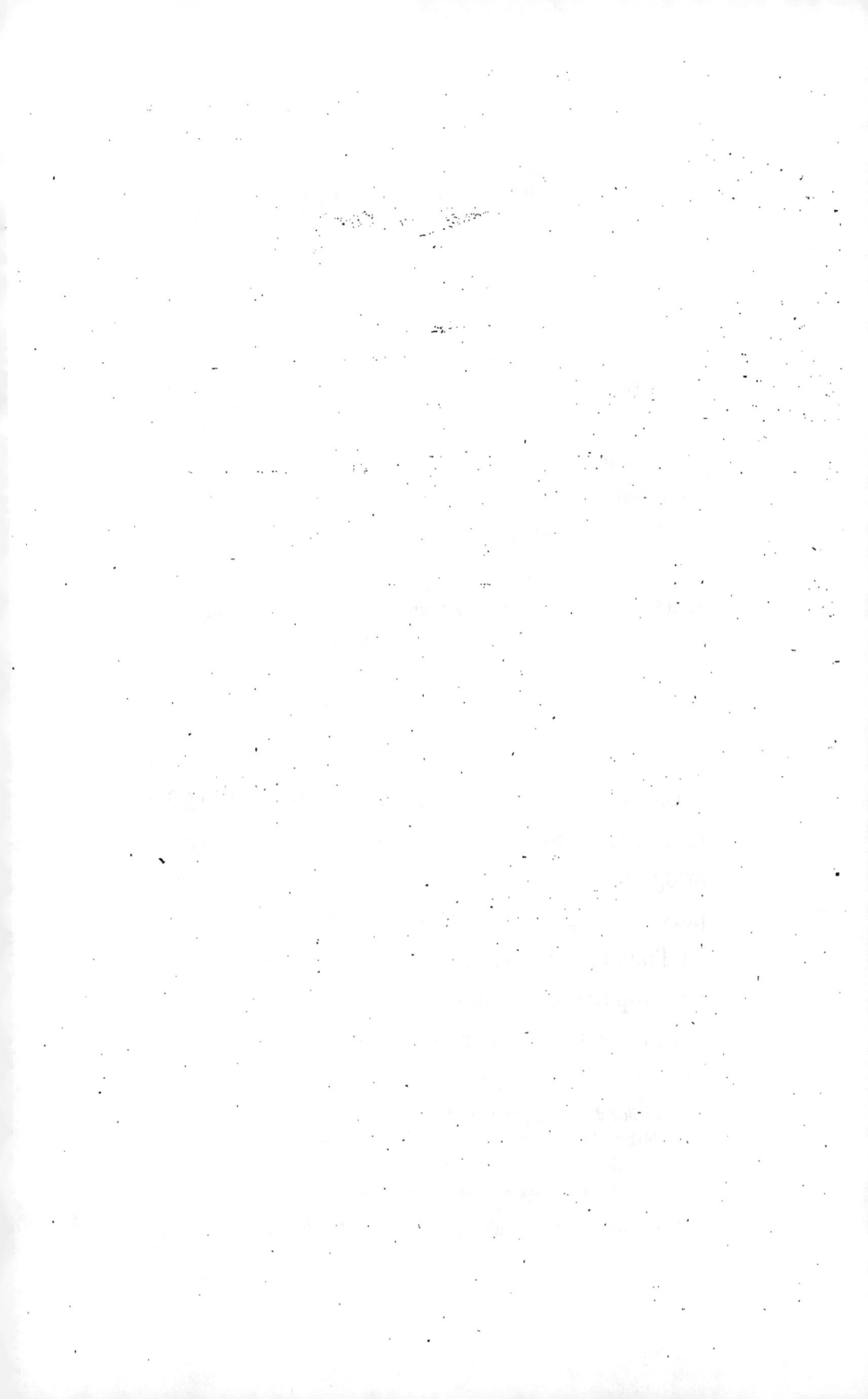

# CHAPERON

Seigneurs de Savenières, de la Chaperonnière, de la Bourgonnière, de Bernay, de la Roche, de la Fauchardière, de Montfaucon, de Couhe-de-Vache, de la Lande-Chaperon, de Terrefort, de Bourgneuf, de Ladelin, de la Guérinière, de Lataste, etc., originaires de Bretagne, et successivement établis en Anjou, en Poitou, en Aunis et en Guyenne.

ARMES. Bretagne : *D'argent, à trois chaperons de gueules* (1).

      Guienne  : *De gueules à un arbre terrassé de sinople, dont le tronc est traversé d'une levrette courante d'argent, et surmonté de trois étoiles rangées de même, en chef* (2).

Ce nom que les auteurs anciens ont écrit indifférem-
ment : **Chappron, Chapperon,** et **Chaperon,**
ortographe définitivement adoptée, a été porté par
plusieurs familles distinctes, en Beauvoisis, en Bretagne,
en Poitou, à Paris, à Orléans, en Flandre, en Alsace,
en Dauphiné et en Guienne.

Les Chaperon, auxquels Laubrière et, après lui,

---

(1) *Le Roy d'Armes*, par le P. Marc-Gilbert de Varennes ;
Vertot, *hist. des chevaliers de S. Jean de Jerusalem ;*
Beauchet-Filleau, *Dictionnaire des Familles du Poitou ;*
Courcy, *Nobiliaire et Armorial de Bretagne, etc.*

(2) Armorial de 1696. Guienne, Reg. I. n° 159, f° 145.

Courcy, donnent pour armes : *D'or à la fleur de lys de gueules, accompagnée de huit merlettes de sable, en orle,* sont originaires de Beauvoisis, suivant Louvet *(Antiquités de Beauvoisis),* qui cite, un Robert Chaperon, écuyer, en 1200.

Les Chaperon de Bretagne, transplantés en Anjou et successivement en Poitou et en Aunis, portaient : *D'argent, à trois chaperons de gueules.*

Les Chaperon de Guienne se disent issus des Chaperon de Bretagne. La tradition et l'histoire locales le disent avec eux. Les faits justifient ces traditions et les expliquent.

La séparation aurait eu lieu en Aunis [1]. Leur auteur agissait en Guienne dès 1616, mais l'un de ses fils, auteur de la branche aînée qui vient de s'éteindre, vivait encore après 1627 en Aunis, d'où il vint s'établir à Libourne avant 1641.

La Famille **CHAPERON**, établie en Bretagne dès les temps les plus reculés, doit, à juste titre, être comprise au nombre de celles qu'on est convenu d'appeler « *d'Ancienne Chevalerie* ». Un de ses membres, messire Roland Chaperon, chevalier, seigneur de Savenières [2],

---

(1) Il existe aujourd'hui encore à La Rochelle une famille Chaperon qui conserve les mêmes traditions que les Chaperon de Guienne. Elle se dit comme eux, originaire de Bretagne.

(2) Minu des feux de la paroisse d'Anetz, reçu par Jean de la Grangière et Guillaume Chaussé, commissaires, quant à ce ordonnez par lettres du

figure parmi les nobles exempts de l'impôt du *fouage*, dans l'enquête de la paroisse d'Anetz, évêché de Nantes, l'an 1437. Personne n'ignore que ces enquêtes avaient pour but de découvrir les personnes qui s'étaient indûment affranchies du paiement des fouages ou impôts par feu ou ménage, dont la noblesse était exempte, à cause de son obligation au service militaire.

En interrogeant dans chaque paroisse des témoins choisis parmi les collecteurs, fabriqueurs ou autres paroissiens, les commissaires parvenaient à établir, d'après la notoriété publique, le rôle des personnes et des terres sujettes à l'impôt.

En 1437, au moment de cette enquête, la famille Chaperon était divisée en deux branches : la branche des *Seigneurs de Savenières,* [1] paroisse d'Anetz, près

---

duc, notre souverain sieur, l'an 1437, présents les témoins jurés sur les saints Evangiles, en faire le rapport bien dévotement.

*Nobles accoutumés être francs et exempts de fouages aux temps passés, et les noms des métayers et exempts :*

Jean Mabit, sergent de *messire Roland Chaperon, chevalier, seigneur de Savenières,* demeurant en Anjou.

Perrot Gérard, sergent de Gérard de Chevigné, seigneur d'Anetz.

Le métayer de la Bodaudière, pour Gérard de Chevigné, seigneur d'Anetz, l'hostel dudit sieur d'Anetz, où il y a un concierge non contributif, etc.

(1) « Savenières, juridiction d'Anetz : en 1475 appartient à *François* » *Chaperon ;* en 1500, à Gilles de Clérambaud, par son mariage avec » *Jeanne Chaperon ;* en 1543, appartient à Arthur de Chevigné ; en » 1620, à Christophe de Sesmaisons ; en 1651, est vendu par Claude » de Sesmaisons à Charles de La Noue, seigneur de Vair, en Anetz ; en » 1653, la seigneurie de Vair, qui touchait Savenières, est érigé en » comté sur la tête de Charles de La Noue ; en 1664, celui-ci vend

d'Ancenis, en Bretagne, et celle des *Seigneurs de la Chaperonnière*, paroisse de Saint-Georges-des-Sept-Voies, près Gennes, en Anjou. Elles étaient voisines, habitant les confins de ces deux provinces, mais l'une en Bretagne et l'autre en Anjou.

La branche bretonne, représentée par messire ROLAND CHAPERON, chevalier, seigneur de Savenières, se perpétua dans son fils FRANÇOIS, seigneur de Savenières, qui épousa, en 1462, ANNE DE CHEVIGNÉ, fille de GILLES, seigneur de Lessart et d'ISABEAU LE VAYER. Tombée en quenouille, elle s'éteignit avec leur fille JEANNE CHAPERON, qui ayant épousé par contrat du 14 Août 1496, GILLES CLÉREMBAULT II du nom, seigneur du Plessis de la Presse, apporta la seigneurie de Savenières dans la maison de Clérembault, (*Généal. de Clérembault et de Chevigné*).

On suit la branche d'Anjou dans cette province, depuis :

PERRETTE CHAPERON, fille unique de JEAN CHAPERON, chevalier, seigneur de la Chaperonnière, femme de GAUVAIN DE BRISAY, fils aîné d'AIMERY DE BRISAY Ier du nom, seigneur de Bouchet, d'Usseau et de la Tour-Tricon,

---

> Vair à Claude de Cornulier, et cette famille de Cornulier n'a pas cessé
> de posséder ce domaine. C'est en 1651 et 1653 que Savenières est si
> complétement englobé dans Vair, que toute trace en disparaît, et que
> même le nom en est perdu, sans que le souvenir s'en soit conservé
> dans la population. »

(*Dictionnaire des Seigneuries du Comté Nantais.* — E. de Cornulier.)

grand maître d'Hôtel et contrôleur général de la maison de monseigneur le Dauphin en 1390, et de Marie Chenin. (Beauchet-Filleau.)

François CHAPERON, écuyer, seigneur de Merangeau, transigea avec Jean d'Adigné, devant Boullard, notaire à Angers, le 28 avril, 1530. (Titres de Joué, t. i des contrats, folio 105, verso.) [1]

Noble homme François CHAPERON, seigneur de Mescoin, donna déclaration de son lieu de la Touche, dépendant de sa terre de Mescoin, à la Chapellenie des Biais, le 28 Juillet 1511. (Titres de Saint-Maurice, chapelle des Biais, t. i folio 55, recto.) [1]

Demoiselle Jacquette CHAPERON, dame de Mescoin, donna pareille déclaration, le 18 juin 1557, folio 177.) [1]

Pierre CHAPERON, épousa Ambroise Chandoiseau, contrat passé par devant Bertrand Lecourt, le 3 Août 1623. (Protocole de Devike.)

Jacques CHAPERON, épousa Perrine Cheminard, veuve, par contrat passé devant Jacques Lecourt, le 21 Avril 1663. (Protocole de Devike.) [1]

Jean et Auvergnais CHAPERON, petits-fils de Jean Chaperon Ier du nom, seigneur de la Chaperonnière, s'établirent en Poitou, où on les trouve, dès la conquête

---

(1) Thorode. *Collection de notes sur les familles de l'Anjou.* N° 1004 des manuscrits de la Bibliothèque d'Angers.

de Guienne, formant deux branches nouvelles : la branche des *Seigneurs de Bernay,* à Civray; celle des *Seigneurs de Terrefort,* à Mirebeau.

La branche des *seigneurs de Bernay* tomba en quenouille, au commencement du XVI^me siècle, avec SYBILLE CHAPERON, fille de JEAN CHAPERON III^e du nom, seigneur de Bernay, et de MARGUERITE DU VIEUX. Mariée en premières noces à CHARLES DE BRISAY, d'où NICHOLLE de BRISAY, conjointe avec JEAN DE LA TOUCHE; et en deuxièmes noces, à LOUIS DE MAULÉON, seigneur d'Abain, d'où sortit finalement CLAUDE DE MAULÉON, qui fut mariée à JEAN CHASTEIGNER III^e du nom, seigneur de la Roche-Posay, auquel elle porta ses terres et seigneuries.

La branche des *seigneurs de Terrefort* continua seule la filiation, résida en Poitou, puis en Aunis, où se trouvent toutes ses seigneuries, et où elle contracta toutes ses alliances. Elle y était encore avec GASPARD, en 1629, établie depuis plusieurs générations à Bourgneuf, qu'on croit être Bourgneuf, paroisse de Marsais, vers Fontenay; en Poitou, mais sur les confins de l'Aunis [1].

---

(1) La première édition disait *Bourgneuf, en Aunis.* Il n'y a en Aunis qu'un seul Bourgneuf, qui appartenait à cette époque aux Ollivier de de Bourgneuf. Il est donc certain que le Bourgneuf des Chaperon n'était pas en Aunis. Les preuves de Malte, de Gaspard Chaperon de Bourgneuf constatent que Bourgneuf était du diocèse de Poitiers. N'étant pas en Aunis, il était donc certainement en Poitou. C'est là qu'il faut le chercher. On a supposé Bourgneuf, paroisse de Marsais, (aujourd'hui Bourgneuf, commune de Marsais-Sainte-Radegonde, arrondissement de Fontenay,

On trouve au même moment en Aunis, un ARNAUD CHAPERON, capitaine dans le régiment du marquis de Montausier, gouverneur de la Rochelle, fils de JULLIAN CHAPERON, lequel JULLIAN, établi à Libourne dès 1616, devint la tige des Chaperon de Guienne.

La branche de Bretagne a produit depuis le XVᵐᵉ siècle : un Chambellan du Roi Charles VII, deux Capitaines de places fortes, deux Abbés réguliers, deux Chevaliers de Saint-Jean de Jérusalem, etc.

Les armes des Chaperon de Bretagne et d'Anjou, que nous avons rapportées d'après le P. de Varennes et Vertot, étaient : *D'argent, à trois chaperons de gueules.*

Les armes des Chaperon de Guienne, que leurs traditions rattachent aux précédents, ont été enregistrées à l'*Armorial général de France*, sur la déclaration de Jean Chaperon, Conseiller au Présidial de Libourne. Brevet de Charles d'Hozier du 29 Janvier 1698, original entre les mains de la famille.

Cette branche a produit : deux Greffiers en chef à la

canton de l'Hermenaud) : 1° parce que ce Bourgneuf est en Poitou ; 2° parce qu'il est près de l'Aunis, où les Chaperon agissaient comme « gentilshommes de l'Aunis » ; 3° parce qu'il est voisin des terres de Sybille Chaperon, la Chataigneraie et autres où les Chaperon ont vécu ; 4° parce qu'en cherchant les auteurs des Chaperon actuels de l'Aunis, qui conservent les mêmes traditions que les Chaperon de Guienne, on arrive à Bourgneuf, paroisse de Marsais, où on retrouve, en 1642, la tradition commune aux Chaperon actuels de la Guienne et de l'Aunis, tradition qui devait être celle de Gaspard Chaperon de Bourgneuf à cette époque, et que ses preuves de Malte expliquent et justifient. On laisse aux auteurs plus autorisés le soin de rectifier cette hypothèse.

Cour des Aides de Guienne ; deux Maires de Libourne ; des Conseillers au Présidial de la même Ville ; des Jurats ; un Secrétaire du Roi, maison couronne de France ; un Trésorier de France, général des Finances ; un Conseiller au Parlement de Bordeaux ; un Officier au Royal-Champagne-Cavalerie. Elle a voté à l'Assemblée de la noblesse de la Sénéchaussée de Guienne, pour l'élection des députés aux États généraux de 1789. Deux de ses membres ont péri sur l'échafaud révolutionnaire.

## NOMS ISOLÉS.

**1322.** — Guillemot CHAPERON figure dans un acte d'Olivier, vicomte de Rohan, passé en sa cour de Ploërmel [(1)], qui approuve la vente faite par Alain Chabot à Olivier de Rohan, son fils, du bois de Keranguis, dans le diocèse de Vannes. « Scellé du scel Guillemot Cha- peron, mis à la requête dudit Alain qui n'a propre scel, le lundi après *Ramos Palmarum*, l'an 1322. » (Dom Morice, t. i, *Preuves*, col. 1328.)

**1370.** — N... CHAPERON, écuyer, de la retenue de Bertrand Duguesclin, dans une montre reçue à Caen, le 1er Décembre 1370. (Dom Morice, t. i, *Preuves*, col. 1644.)

---

(I) Chef-lieu d'arrondissement, renfermant le canton de Malestroit, que la tradition domestique assigne comme berceau originaire à la famille Chaperon actuelle.

**1409.** — Jean CHAPERON, Chevalier. « *Die nati-* » *vitatis filii Regis Ludovici obtulerunt compatres dicti* » *regi, videlicet : Dominus Johannus Chaperon, Miles,* » *ad majus altare, et altare sancti Regnati, 12 scuta.* » (Thorode.) Probablement la naissance en 1409, du bon roi René, fils de Louis II, roi de Sicile, duc d'Anjou.

**1421.** — Jean CHAPERON, Chevalier et Conseiller de Louis II, duc d'Anjou et roi de Sicile, ratifie le mariage du Roi avec Isabeau de Bretagne. (Dom Morice, t. II, *Preuves*, col. 1103.) Doit être le même que le précédent.

**1420.** — Guillaume CHAPERON est au rôle des arbalétriers de la retenue de Jean de Penhoat, amiral de Bretagne, dans une montre du 27 Juin 1420, reçue à Montfort. (Dom Morice, t. II. *Preuves* col. 1015).

## FILIATION SUIVIE

La filiation suivante est fournie par André Duchesne, dans son *Histoire de la maison des Chasteigner en 1634*, dans laquelle il donne les quartiers d'alliance de Claude de Mauléon, fille de Sybille Chaperon et femme de Jean Chasteigner III du nom, seigneur de la Roche-Posay, et par le *Catalogue des Chevaliers de Saint-Jean de Jérusalem* reçus au grand Prieuré d'Aquitaine [1]. Elle est complétée par des renseignements puisés dans Beauchet-Filleau [2] et dans Courcy.

---

[1] Manuscrit original à la Bibliothèque de l'Arsenal.

[2] Beauchet-Filleau, *Dictionnaire généalogique des Familles de l'ancien Poitou.*

Duchesne s'est trompé en qualifiant Jean Chaperon I^er du nom, de seigneur de Bernay, cette seigneurie n'étant entrée dans sa famille qu'avec son petit-fils, Jean Chaperon II^e du nom, qui en fit l'achat dès avant 1465.

## § I

#### Seigneurs de la Chaperonnière, de la Bourgonnière, de Bernay, de la Roche, de la Fauchardière, de Montfaucon et de Couhe-de-Vache, éteints.

---

### ANJOU, POITOU ET AUNIS.

---

**I.** Jean CHAPERON, Chevalier, seigneur de la Chaperonnière, paroisse de Saint-Georges-des-Sept-Voies en Anjou, était marié vers l'an 1400. Le 10 Mai 1384, par contrat passé sous le scel de Saumur, il acquit une rente sur quelques héritages. Le 8 Octobre 1398, il en acquit une autre de 50 sols, par acte passé sous le scel d'Angers. A ce dernier contrat assistait comme témoin Guillaume Chaperon. Il était mort quand sa femme fit son testament, le 16 Août 1421. Dans l'ordre des temps, il pouvait être le petit-fils de Guillemot Chaperon, qui mettait son sceau sur un acte de 1322, à Ploërmel *(Voyez ci-devant, p. 14).*

Il avait épousé Lucette Pelault, dame de la Bourgonnière, fille de Hugues Pelault, seigneur de la Bourgonnière, paroisse de Bouzillé [1], en Anjou, et de Marguerite de Savonnières de la maison de Meaulne. Ladite Lucette fit son testamment le 16 Août 1421, au château de Dieusye, en présence de Marguerite Gasseline, dame de la Josselinière et autres, par lequel elle prescrivait sa sépulture en l'église de Notre-Dame de Jallais, en la chapelle de feu son seigneur et de ses prédécesseurs. Elle fit divers legs : à Jeannette Chaperon, au frère d'Icelle, à Jean de la Touche, à sa fille Alnette Chaperon, à FrançoiseduPlessis, à Louise Chaperon, à Macé, avoüé de feu Guillaume Chaperon son fils, et à Perrine Chaperon. Et pour exécuteurs, elle nomma : Jean Chaperon son petit-fils, Jeanne Chaperon sa fille, Jacques du Plessis et Alnette Chaperon sa femme, Guillaume de la Jumelière, Roland Chaperon, Jean Chaperon, recteur de Vallet, et Pierre Le Brun.

### De ce mariage :

1° FRANÇOIS, mort en Hongrie, sans avoir été marié ;

2° PIERRE, qui continua la filiation ;

3° GUILLAUME, qui mourut jeune et sans postérité ;

4° JEANNE, qui fut mariée deux fois : 1° à Hugues de Beaumont, chevalier, seigneur dudit lieu et du Bois Charruyau. Elle agissait comme sa veuve le 13 Janvier 1419 ; 2° à Hardouin de la Porte, chevalier, seigneur de Vezins. Elle était morte en 1445, car à cette époque il y eut des débats entre ses héritiers pour sa succession ;

---

[1] Le château de la Bourgonnière fait partie de la Commune de Bouzillé, canton de Champtoceaux. On l'aperçoit du château de Vair, en Anetz, où se trouvait Savenières. La Loire les sépare.

2

5° ALNETTE, dame de la Bourgonnière, épousa vers 1400 Jacques du Plessis, seigneur du Plessis, paroisse de Montrelais en Bretagne [1] auquel elle porta la seigneurie de la Bourgonnière, demeurée depuis en cette maison du Plessis, jusqu'à ce que, par le mariage de Jeanne du Plessis, elle est passée en celle de Vaudray Saint-Phale.

**II.** PIERRE **CHAPERON** épousa la fille de Jean d'Avoir, famille éteinte en 1390, par la mort de Pierre d'Avoir, seigneur de Chateaufrémont, paroisse de Saint-Herblon près Ancenis, et de la Turmelière paroisse de Liré en Anjou, Sénéchal des provinces d'Anjou et du Maine en 1378. Il mourut jeune, laissant pour enfants :

1° JEAN, seigneur de Bernay, qui suivra ;

2° CHARLES, chevalier de l'ordre de Saint-Jean de Jérusalem. Il fut au nombre des chevaliers qui défendirent Rhodes en 1480, comme le remarque Bozio en l'*histoire de Malte*. Le tableau de ses huit quartiers se trouve à la page 18 du manuscrit de la Bibliothèque de l'Arsenal, mais les quartiers ne sont pas remplis. Il est inscrit dans l'*Armorial de Bretagne* de Courcy, au nombre des chevaliers de Saint-Jean de Jérusalem appartenant à cette province (t. III, p. 117) ;

3° JEAN, prieur de Rye (ordre de Saint-Benoit), qui fut élu Abbé de Charroux le 8 Décembre 1444 et vivait encore en 1458;

---

(1) André Duchesne a confondu les du Plessis Bourgonnière, en Bretagne, avec les du Plessis Richelieu en Poitou. Ces deux familles du Plessis, sont étrangères l'une à l'autre.

4° Geoffroy, Abbé de Moreau en 1457 ;

5° Auvergnais, tige de la branche de Terrefort, dont la généalogie, extraite du manuscrit de la Bibliothèque de l'Arsenal, sera rapportée au § II.

**III.** Jean CHAPERON II du nom, écuyer, était en minorité, quand Lucette Pelault, son aïeule, mourut, et demeura sous la tutelle ou bail de Hardouin de la Porte, chevalier, et de Jeanne Chaperon, sa compagne, à cause d'elle. Ils furent, en cette qualité, sommés le 25 Mars 1429, par Jean de Savonnières, chevalier, seigneur de Meaulne, et Jamet Floric, exécuteurs du testament de feu Jean Chaperon, chevalier, aïeul des mineurs, de faire l'ouverture des coffres d'icelui, où était sa vaisselle d'or et d'argent. Jean Chaperon acheta dès avant 1465, la terre et seigneurie de Bernay, paroisse de Chateau-Garnier, et en 1472 le fief de la Roche, paroisse de Sommières. Il épousa Jeanne de Varennes, dame de la Fouchardière en Anjou, fille de Jean, seigneur de Varennes en Anjou, et de Catherine Faucharde, et sœur de Catherine de Varennes, femme de Jean de la Porte, seigneur de Vezins.

De ce mariage issurent :

1° Jean, qui suivra ;

2° Pierre, de la postérité duquel on ne sait rien ;

3° Louis, seigneur de la Roche, paroisse de Sommières, succéda à son père dans la propriété de cette terre, en

1505. Il fut marié deux fois : 1° à Marie Boisnet, fille
de Jean, de la maison de la Fremaudière, dont il eut
trois filles ; 2° par contrat du 16 Novembre 1501, à
Antoinette des Ages, dont il eut une fille. Il vendit, le
6 juillet 1527, la seigneurie de la Roche à Anne de
Gouffier, veuve de Raoul de Vernon, chevalier, seigneur
de Montreuil Bonnin, mourut à Sommières le 15 avril
1546, et fut inhumé dans l'église. Il avait eu de son
premier mariage : 1° Françoise, femme de René de
l'Age, écuyer, qui rendit aveu en 1525, à l'Abbé de
Charroux, pour son hôtel de Villemie, et dont l'arrière
petit-fils Paul, gentilhomme de la Chambre en 1610,
s'établit en Bretagne, où il épousa Marie Bizien, dame
de Kerigomard ; 2° Jeanne, conjointe à Guillaume de
Chezelles, écuyer, seigneur de la Valinière, près l'ile
Bouchard ; 3° Charlotte, alliée à Antoine de Guillerville,
écuyer. Et du second mariage : Catherine, femme de
Charles de Livron, seigneur de la Forest, de Beaumont,
de la Valade, et de l'Espardelière.

IV. Jean CHAPERON III du nom, dit *le Jeune*,
fut seigneur de Bernay, de la Fauchardière, de
Couhe-de-Vache, en Aunis, capitaine et gouverneur de
Civray, en Poitou. Il eut pouvoir de Charles, duc de
Gueldres, pour faire la guerre à l'Empereur et au roi
de Castille, par terre et par mer, à l'occasion de quoi
il vendit la seigneurie de Couhe-de-Vache, et ayant
armé des vaisseaux à ses dépens, il descendit, l'an
1508, en Provence, avec Pierre de Marans, seigneur
des Houlmes-Saint-Martin, son cousin-germain, et alla

jusque dans le duché de Milan. Jean d'Auton en parle souvent dans ses chroniques [1]. Il le nomme Messire Jean Chaperon. A l'assaut de Metelin contre les Turcs. « Il fut là chevalier et eut un coup de trait au » visage au travers du nez. » Au siége de Carignan (Italie), « Tout seul soutenait le combat, dont fut pressé » de tous côtés, et tant approché, qu'un Espagnol » lui, rua un coup de rapière, le long de sa pique, qui » lui tomba sur la main senestre, tellement que les » deux maîtres doigts lui fît voler à terre. Les Français » lui crioient qu'il se retirât, et que par folle hardiesse » ne soutint mortel dommage. Toujours ruoit à coups » forcenés, tant que là, fut regardé de chacun, et de » tous prisé. » Jean d'Auton consacre trois chapitres entiers à ses aventures de mer, indiquées plus haut.

*Comment, durant le temps que le Roi était delà les monts, Messire Jean Chaperon, et un nommé Antoine d'Auton, seigneur dudit lieu, se mirent sur mer, où firent plusieurs courses, de quoi le Roi fut mal content.*

Rainguet les résume, dans sa *Biographie Saintongeoise*, et appelle Chaperon : « gentilhomme de l'Aunis » [2].

---

[1] *Histoire de Louis XII et des choses mémorables advenues de son règne, ès-années 1499-1508.* Jean d'Auton, 1615.

[2] Dès l'an 1500, les Chaperon de Bretagne étaient devenus gentilshommes de l'Aunis, par leur seigneurie de Couhe-de-Vache, prés la Rochelle, et pour trouver ce qui les concerne après cette époque, c'est dans l'Aunis qu'il faut le chercher, avec les auteurs :
Amos-Brabot, Arcère, la Popelinière, Castelnau, Rainguet, etc.

Dans la compilation des pièces contenues aux registres du Parlement, faite par M. Le Nain : « Justice donnée » par le Roi, au lieu de Couhe-de-Vache, près la » Rochelle, qu'il érige en fief. Enregistré et publié le » 24 Mai 1464. Ce fief relevait du Roi. » (Arcère, *Histoire de la Rochelle*, t. I, p. 135.)

Jean III avait épousé Marguerite de Vieux, dame de Montfaucon, fille de Gaspard de Vieux, seigneur de Montfaucon et de Pontlong en Touraine, et de Mathurine de Choisy. Ladite Mathurine, fille de Richard de Choisy, seigneur de Breteniz et d'Aillé, en la paroisse de Saint-Georges de Baillargeau, et de Gerande de Montfaucon, héritière de Montfaucon en la paroisse de Marigny.

### De ce mariage issurent :

1° JEAN CHAPERON IV du nom, chevalier, seigneur de Montfaucon, qui mourut sans enfants, ayant été tué à la bataille de Ghieradada, contre les Vénitiens, sous le règne de Louis XII ;

2° FRANÇOIS, seigneur de Bernay, qui décéda pareillement sans lignée ;

3° SYBILLE CHAPERON, héritière des terres de Bernay et de Montfaucon, mariée : 1° à Charles Brisay, seigneur de Chincé et du Rivau, oncle de Jacques de Brisay, seigneur de Beaumont, de Brain et de Villégongis, Sénéchal de la Haute et Basse Marche, et Lieutenant du Roi en Bourgogne. Elle en eut une fille nommée Nicholle de Brisay, conjointe avec Jean de la Tousche, puîné du seigneur de Chillac, en Saintonge, issu de la maison de la Tousche d'Origny ; — 2° à Louis de

Mauleon, seigneur d'Abain, second fils de René et de Guillemine de Maillé, qui eut en partage la seigneurie d'Abain par contrat passé le 22 avril 1494, en présence de Louis de Plesneau, seigneur de Vaucouleur, de Joachim de la Tousche, seigneur de Marigny, de Guyot de Genouillé et d'Olivier de Mousson, tous, ses parents, et après la mort de son frère aîné Joachim de Mauleon, fut aussi le seigneur de Touffou, de Talmont, de Chargé et de la Mote, d'où vint Claude de Mauleon, héritière de Touffou, de Talmont, d'Abain, de Bernay, de Mont-faucon et autres lieux, mariée à Jean Chasteigner III, seigneur de la Roche-Posay, à qui elle transmit ses terres et seigneuries, (*Voyez ci-devant p. 12.*) lequel acheta ensuite la part que possédait Janot de Mauleon, seigneur de Marsais, sur Touffou.

## § II

Seigneurs **de Terrefort, de la Lande-Chaperon, de Bourgneuf, de Ladelin, du Bois-Bourrelier et de la Guerinière.**

---

### POITOU ET AUNIS.

---

**III.** Auvergnais CHAPERON, chevalier, seigneur de la Lande-Chaperon et de Terrefort, chambellan du Roi Charles VII [1], et capitaine de Mirebeau, en

---

(1) Dans ces temps malheureux, les Anglais maîtres de Paris et de la plus grande partie de la France, Poitiers devint pendant quatorze ans capitale. Charles VII y fut proclamé Roi. Le traité de *Bretigny* en 1360 avait cédé la possession de la Guienne en toute sou-

Poitou, tige des Chaperon de l'Aunis, dont la généalogie est donnée par le manuscrit de la Bibliothèque de l'Arsenal, était fils de Pierre Chaperon et de N... d'Avoir, rapportés au deuxième degré. Il avait épousé dame Anne de Valory, que l'on croit fille de Barthélemy Valory, originaire de Florence, pourvu de la capitainerie des ville et château d'Angers en 1447.

De ce mariage issurent :

1° Gilles qui suit ;

2° Jeanne, qui le 30 septembre 1445, épousa Simon de Marconnay II du nom, écuyer, seigneur de la Tour de Marconnay. Elle eut en dot une somme de mille écus d'or, et renonça à tous ses droits sur les successions de ses père et mère, comme il appert de la quittance de cette somme, du 9 Novembre 1445 *(Généalogie de Marconnay)*.

**IV.** Gilles **CHAPERON**, épousa demoiselle Jeanne

---

veraineté, à Édouard III, roi d'Angleterre, qui érigea en 1362, le duché de Guienne en principauté, en faveur du duc de Galles. Ce n'est qu'en 1453, que les Anglais, vaincus à *Châtillon*, perdirent définitivement la Guienne, après l'avoir possédée pendant trois cents ans. Par la conquête, le Roi de France redevenant duc de Guienne, la seigneurie de Terrefort, qui relevait des ducs de Guienne, releva dès lors du Roi, à cause de son duché de Guienne. C'est ce qui explique comment un chambellan du Roi Charles VII a pu à cette époque, après la conquête, posséder la seigneurie de Terrefort, en Guienne, comme Auvergnais Chaperon a dû la posséder, en effet, puisque les preuves de Malte de Gaspard Chaperon, le disent. C'est vers ce même temps, que la terre et seigneurie de Bernay, paroisse de Château-Garnier en 1465, et le fief de la Roche, paroisse de Sommières en 1472, entrèrent dans la famille Chaperon, par l'achat qu'en fit Jean Chaperon II du nom, le frère aîné d'Auvergnais. *(Voyez III § 1°.)* Ces deux seigneuries en Poitou, se trouvaient en Guienne, comme Terrefort, avant la conquête, la Guienne comprenant alors le Poitou.

d'Escoubleau, des seigneurs de Sourdis, maison connue dès le XIIIᵉ siècle et qui tire son nom du fief d'Escoubleau, près Châtillon sur Sèvres, en Poitou, dont il eut :

V. Jean CHAPERON, qui se maria à Denyse de Saint-Jouin, d'où :

VI. André CHAPERON, mari de Perrette Laurence, dont :

VII. Jacques CHAPERON, écuyer, seigneur de Bourgneuf et de Ladelin, marié à Jacqueline Boyvin, fille de Jean Boyvin, écuyer, seigneur du Montail, et d'Isabeau de la Tousche.

### Ils laissèrent :

1º Jean, qui suit ;

2º René, (présumé fils du précédent), Seigneur de Ladelin et du Bois-Bourrellier, paroisse de Cuhon, marié à Marie Petit, dame de la Roche de Viellemon, fille unique de Jacques Petit, écuyer, seigneur desdits lieux, et de Marie Bernard. De ce mariage sortit N... Chaperon, écuyer, seigneur de Ladelin, qui épousa demoiselle N... de Beraudin, d'où : N... Chaperon, écuyer, seigneur du Bois-Bourellier, qui épousa demoiselle N... de Tusseau, fille du seigneur de Faragny-Labit. Leurs enfants existaient encore en 1664. (*Beauchet-Filleau.*)

VIII. Jean CHAPERON, écuyer, seigneur de Bourg-neuf, demeurant au lieu noble de la Guérinière, paroisse de Massognes, pays de Mirebalais, parut comme procureur fondé de dame Louise de la Jaille, veuve de Jacques II de Marconnay, écuyer, par procuration du 23 Mai 1585, au contrat de mariage de Lancelot de Marconnay III du nom, fils de ladite dame et du feu sieur, avec Catherine de Cheneau, le 25 Mai 1585 (*Généal. de Marconnay*). Il épousa dame Léonore des Rouziers, fille de Charles des Rouziers, écuyer, seigneur de la Guérinière, Girnerie et Châteauneuf, en Anjou, et de Gabrielle de Marconnay.

Il eut :

1° EMEREND, qui suit ;

2° HENIE, écuyer, seigneur de la Guérinière, assistait comme cousin germain du futur au contrat de mariage de Louis de Marconnay avec Marie Gourgeault, le 10 Mai 1621. (*Généal. de Marconnay.*)

IX. EMEREND CHAPERON, Seigneur de Bourgneuf, marié à Jeanne des Aubus, fille d'Annibal des Aubus, écuyer, seigneur de Morton, et d'Elizabeth de Fougère.

Ils eurent :

1° SENEBAUD CHAPERON, écuyer, seigneur de Bourgneuf, demeurant en la maison noble de Serraux, paroisse de Basse, près Loudun, assista comme parent, au contrat de mariage de Madeleine de Marconay, le 11 Avril 1615. (*Généal. de Marconay.*)

2° GASPARD CHAPERON de Bourgneuf, qui fut reçu chevalier de Malte, le 24 Avril 1629, diocèse de Poitiers, et dont les huit quartiers se trouvent à la page 530 du manuscrit de la Bibliothèque de l'Arsenal. Il est inscrit dans l'*Armorial de Bretagne* de Courcy, au nombre des chevaliers de Saint-Jean de Jérusalem (ordre de Malte), originaires de Bretagne (t. III. p. 118.)

Parmi les Chaperon de l'Aunis, donnés par les historiens ou les biographes, on trouve encore :

Ponisset CHAPERON, de la ville d'Esnandes en Aunis, témoin en 1455 dans le testament d'Hemonnet Raquier, seigneur de Romily de la ville de La Rochelle [1].

Hesserine CHAPERON, deuxième femme de Louis Chabot II du nom, seigneur de la Grève et de Moncontour, Conseiller et Chambellan du Roi Louis XI, qui commanda le ban et l'arrière-ban de la Noblesse du Poitou en 1472-1475, et mourut en 1486 (Anselme, *Généal. Chabot,* t. IV. p. 563.)

Noble homme André CHAPERON, Commissaire ordinaire de l'artillerie du Roi à La Rochelle, en 1537, Capitaine de la Tour de la Chaîne. Il était Pair de la Commune, et vivait encore en 1552. Il avait une fille mariée à Jehan Bourreau [2]. Le Roi lui fit don en 1540, d'une somme de trois cents livres tournois [3].

André CHAPERON, écuyer, seigneur de Champabon,

---

(1) Charte originale à la Bibliothèque impériale.

(2) Amos Barbot, bailli du grand fief d'Aunis, (manuscrit original à la Bibliothèque impériale, en 1613.)

(3) Charte originale à la Bibliothèque impériale.

paroisse de Thurageau, échangea quelques héritages avec N... Simonneau et Marie Bonizeau, sa femme, par contrat passé sous la cour de Chenecé, le 27 Juin 1566. *(Beauchet-Filleau.)*

Le capitaine N... CHAPERON, « gentilhomme de l'Aunis », commandait un régiment en Saintonge, en 1569, et la ville de Marans près La Rochelle, quand La Noue s'en empara en 1570. Il était maître-d'hôtel du maréchal Arthur de Cossé-Brissac, commandant l'armée catholique. (Arcère, t. I. p. 384.)

PIERRE CHAPERON, marié en 1587, à Marie Tharay. Lui et son fils Jacques Chaperon II, commandaient des navires de la flotte protestante, en 1621 et 1622[1]. (La Popelinière, *Histoire de France*, année 1570.)

ARNAUD CHAPERON, capitaine après 1627, dans le régiment du marquis de Montausier [2], gouverneur de La Rochelle [3], — *qu'on retrouve en Guienne, en*

---

[1] « 11 Novembre 1628. La flotte d'Angleterre, diminuée de dix brûlots qu'elle avait perdus et de douze vaisseaux échoués ou détruits, fit voile pour retourner dans ses ports, amenant avec elle le duc de Soubise, le Comte de Laval et plusieurs capitaines Rochelais, qui avaient refusé le pardon du roi. L'Amiral Anglais ne voulait pas laisser s'éloigner un seul des vaisseaux avec lesquels il était venu. C'est sans doute par suite de quelque contestation sur ce point qu'un des réformés français, le capitaine Chaperon, fut abandonné dans une chaloupe, à la merci des vents et des flots, pendant que son bâtiment suivait la flotte anglaise. » *(Histoire de France*, A. Bazin, t. II, p. 117.)

[2] Grunodie, *histoire de Libourne*, t. II, p. 571.

[3] Léon de Sainte-Maure, comte de Jonzac, marquis de Montausier, mestre de camp d'un régiment d'infanterie, par brevet du 27 Septembre 1627, gouverneur de La Rochelle, par provisions du 24 Février 1633.

*1641, retiré à Libourne* [1], où son père Jullian Chaperon, établi dès 1616, devint la tige des Chaperon de Guienne.

N... CHAPERON de SAINT-ANDRÉ, dont la descendance tombée en quenouille habitait encore La Rochelle en 1714.

Samson CHAPERON, seigneur de Ferrières, demeurant à Vassine; (Montguyon, *bans de 1638 à 1730)* qu'on retrouve en Guienne, établi à Coutras, où sa descendance tombée en quenouille, était naguère encore représentée.

Catherine CHAPERON, veuve en 1698, de Charles de Tusseau, écuyer, seigneur de Maisontiers, fit enregistrer ses armoiries dans l'*Armorial* créé par l'édit de 1696, et les déclara : *D'argent à trois chaperons de gueules.*

Charlotte-Angélique CHAPERON de SAINT-ANDRÉ, veuve en 1714 de David de Seton, seigneur de Morfontaine. (Minute de Masson, notaire à La Rochelle.)

---

Lieutenant-général pour le Roi aux gouvernements de Saintonge et Aunis. (Anselme, *Généal. Sainte-Maure.* — Arcère, t. II, p. 571.)

(1) Le maire Arnaud Chaperon, (1657) était un breton qui s'était *retiré depuis quelques années à Libourne*. Il était fort estimé, mais il parait qu'il avait une tête chaude, qui lui attira plusieurs fois des affaires désagréables. En 1664, bravant les arrêts du Conseil et les ordres du Roi, relatifs à l'expulsion des Capucins, qui s'étaient emparés de la Chapelle de Notre-Dame de Condat, au préjudice des Récollets, il fut décrété d'ajournement par le parlement, interdit le 28 Août et assigné pour comparaître en personne au Conseil du Roi. N'ayant pas comparu, il y eut ordre de l'arrêter et de le traduire au fort l'Évêque à Paris. Mais à la protection d'Henri de Béthune, Archevêque de Bordeaux, et autres *personnes de qualité,* il fut pardonné par le Roi, et rétabli par un arrêt du Conseil d'Etat du 7 Novembre suivant. (Souffrain, 1806.)

Geneviève-Clarisse CHAPERON de SAINT-ANDRÉ,
sœur de la précédente, veuve de Louis Huet, seigneur de
Dompierre. (Minute de Masson, notaire à La Rochelle.)

## CHAPERON DE GUIENNE

La filiation suivante est extraite des paroissiaux de
l'église de Saint-Jean-Baptiste, conservés aux archives
de Libourne. Le tableau en a été dressé sous la
surveillance de M. E. Burgade, archiviste de la ville,
qui le certifie conforme, et dont la signature est légalisée
par le maire. La descendance à Bordeaux, du maire
Arnaud Chaperon, c'est-à-dire la branche de Terrefort, a
été dressée sur les actes. On n'a pu retrouver l'acte de
naissance à Bordeaux de messire Jean Chaperon, premier
seigneur de Terrefort des Chaperon de Guienne, mais
sa filiation est officiellement établie par des actes [1] dont
les minutes sur parchemin, sont conservées en l'étude
de Mᵉ Lewden, notaire à Libourne. Le même notaire
conserve un acte de notoriété qui constate que la
famille Chaperon, dont avant 1602 on ne trouve
nulle trace à Libourne, y a toujours été dite originaire de

---

(1) 1° *Testament mystique de Jean Chaperon, conseiller au Présidial.*
Acte du 1ᵉʳ Avril 1739, Baltar, notaire à Libourne; 2° *Vente du domaine
le Bourdieu, provenant de l'héritage laissé par Catherine Chaperon.* Acte du
1ᵉʳ Février 1779, Isambert, notaire à Libourne. Ces actes établissent que
Jean Chaperon de Terrefort, de la deuxième branche, et Jean Chaperon,
époux de Thérèse de Ferrant, de la branche aînée, étaient cousins issus
de germains, tous deux arrière-petits-fils de Jullian Chaperon, l'auteur
commun.

Bretagne. Des renseignements complémentaires ont été puisés dans les Archives de Bordeaux, et dans le *Nobiliaire de Guienne* d'Ogilvy.

## § III

Seigneurs **de Terrefort, de Lataste, de Saint-Julien, de Laprade, de Lavie, de Lartigue, de Galateau,** barons **de Beautiran de Tustal, de Calamiac et de Jos,** que les traditions de famille rattachent aux précédents.

—

GUIENNE

—

**I.** JULLIAN CHAPERON, tige des Chaperons de Guienne, est appelé *sire* dans l'acte de naissance de Catherine de la Rène, qu'il signe comme témoin le 23 Avril 1616. Il avait un frère, Arnaud Chaperon, Trésorier de Libourne en 1602, Jurat en 1616, appelé *sire* dans l'acte de naissance de Jean-Blanche de Monduit, qu'il signe comme parrain le 23 Décembre 1606, et qui n'eut de sa femme Anne Brondeau qu'un fils, Arnaud, décédé en venant au monde, — et une sœur Bonne, qui le 1er Novembre 1623 était l'épouse de François Piffon.

Il signe avec deux P *(Chapperon)*, comme les Chaperon de l'Aunis. On trouve dans sa descendance des seigneurs de Terrefort, comme l'était Auvergnais, du degré III § II, tige des Chaperon de l'Aunis.

L'historien Souffrain constate son origine bretonne [1], origine qui est celle des Chaperon de l'Aunis. On ne connaît pas ses auteurs, qu'il faut chercher parmi les Chaperon de l'Aunis, avec lesquels son fils le capitaine Arnaud Chaperon, se trouvait encore en Aunis après 1627. Dans l'ordre des temps, il pouvait être le fils de Jean Chaperon, seigneur de Bourgneuf, et de Léonore des Rouziers, formant le dégré VIII, ou de tout autre Chaperon de l'Aunis de la même génération.

Il laissa trois fils.

1º JEAN qui suit ;

2º ARNAUD capitaine, tige de la branche de Terrefort, dont la généalogie sera rapportée au § IV.

3º ARNAUD, dont la filiation sera rapportée au § V.

**II.** — JEAN CHAPERON, fils aîné de Jullian, conseiller du Roi, pourvu avant 1646, de la charge de Greffier en chef des présentations en la cour des Aides de Guienne [2], mourut dans l'exercice de sa charge, l'an 1659. Il avait épousé Catherine Hervou, damoiselle.

---

(1) Le maire Arnaud Chaperon (1657), ancien capitaine au régiment de Montausier, était un *breton* qui s'était retiré à Libourne depuis quelques années, et y avait pris des lettres de bourgeoisie. (Souffrain, *Essais historiques sur la ville de Libourne*, 1806.)

Gaspard Chaperon, contemporain d'Arnaud, et de l'Aunis comme lui, est inscrit dans l'*Armorial de Bretagne*, de Courcy, t. III, p. 118, comme *originaire de Bretagne*.

(2) La cour des Aides de Guienne fut transférée à Libourne en 1634. *(Lettre du roi Louis XIII du 22 Novembre)*. La Rochelle étant sous la juridiction du Parlement de Bordeaux, un Chaperon de l'Aunis ayant attache à la dite cour, devait naturellement venir résider à Libourne.

De ce mariage :

1° JACQUES, qui suit.

2° JEAN, conseiller au Présidial, né en 1644, maire de
Libourne en 1711 et en 1714, qui, suivant *l'édit de 1696*,
fit enregistrer ses armoiries dans l'*Armorial général de
France*, brevet de Charles d'Hozier du 29 janvier 1698,
original dans les mains de la famille. Il épousa le 26
Novembre 1670, Françoise de Belliquet, des sieurs de
la Gastaudie et autres lieux, fille de Jean Belliquet [1],
maire de Libourne en 1653, et de Catherine Cassaigne,
et eut de ce mariage, un fils unique Jean, né le
2 Novembre 1685, sans descendance. Il fit son
testament le 10 Septembre 1738, étant âgé de 93 ans
et 9 mois. Il prescrivait sa sépulture, en l'église
des révérends pères Cordeliers, dans ses tombeaux,
situés dans le sanctuaire du grand autel, où se chantait
l'évangile, et joignant le tombeau de dame Françoise
Belliquet, son épouse. Fit divers legs : aux révérends
pères Cordeliers, aux révérends pères Récollets, à la
confrérie de Saint-Nicolas, à l'hôpital de Libourne, à
Catherine Belliquet, à Catherine Chantié, à Gentille
Bernard, désignant pour héritière universelle, sa nièce
Catherine Chaperon, épouse Monboucher, fille de son

---

(1) On trouve un Jehan Belliquet, de la même famille, maire de
Libourne en 1563. Lors du passage du roi Louis XIV à Libourne, le 1ᵉʳ Août
1650, il avait accordé un brevet de *sauvegarde* et *panonceaux* à *Jean de
Belliquet*, ancien jurat, à *Étienne de Belliquet* et autre *Jean de Belliquet*
frères, *en considération de ce que leurs Majestés* (le Roi et sa Mère) *ont logé
dans leurs maisons, et pour les agréables services par eux rendus* dans les
mouvements de cette époque. Il paraît avoir été donné à *Libourne, le 28
Août 1650* (Souffrain, t. III, p. 34).

neveu Jean Chaperon, à qui il laissait seulement l'usufruit de deux tierces parts, et nommant pour exécuteur testamentaire Antoine Monboucher. Ce testament clos et lacé d'un ruban noir, scellé de ses armes, fut déposé chez Baltar, notaire royal, le 1ᵉʳ Avril 1739, et ouvert à sa mort, le 26 Octobre de la même année.

3° Trois autres enfants, SULPICE, ÉLÉONORE et JEAN, morts sans postérité.

**III.** JACQUES **CHAPERON**, conseiller du Roi, greffier en chef à la Cour des aides de Guienne, succéda, en 1659, à la charge de son père, décédé dans la même année [1], et épousa Marguerite Couvrat, damoiselle, née le 1ᵉʳ Septembre 1643, fille de Pierre [2] Couvrat, Maire en 1659, et de Catherine Gontier [3], d'où :

1° PIERRE, né le 17 Novembre 1662, décédé sans postérité ;

---

(1) En 1659, Catherine Hervou, veuve de Jean Chaperon, refusait de payer la taille, son fils occupant la charge de son père, dans la même année. *(Archives de Libourne.)*

(2) Les *Gontier* ont donné des maires à Libourne, en 1312, 1554, 1561, 1571. *Raymond Gontier* fut le premier maire élu à Libourne, lorsque le droit de mairie fut restitué à la ville par lettres patentes d'Edouard II, roi d'Angleterre, duc de Guienne, données le 3 Juin 1312, à *Condat-les-Libournes*.

(*Condat* doit son nom à l'existence du château du comte *Guillaume le Pénitent*, dont la fille *Éléonore*, duchesse de Guienne, épousa en secondes noces, en 1152, *Henri de Plantagenet*, comte d'Anjou, qui, par la mort d'*Étienne*, fut couronné roi d'Angleterre, le 29 Décembre 1155. C'était la résidence des ducs de Guienne lorsqu'ils venaient à Libourne. La duchesse de Guienne prenait le nom de *dame de Condat*. Souffrain, t. I, p. 64).

(3) Les *Couvrat* ont donné deux maires à Libourne, en 1641 et 1659.

2.º Jean qui suit;

3.º Françoise et quatre autres fils du nom de Jean, morts aussi sans descendance.

**IV.** Jean CHAPERON, né le 12 Avril 1664, conseiller du Roi, fut doyen au Présidial. Il avait épousé Thérèse de Ferrand [1] et eut de son mariage avec elle, une fille unique, Catherine, mariée à Antoine Monboucher, qui fut l'héritière universelle de son grand-oncle, Jean Chaperon, conseiller au Présidial *(voyez ci-devant, page 33)*. Elle légua, par testament du 12 novembre 1762, sa fortune à son époux, et était morte le 13 mai 1776. Branche éteinte avec cette génération. Sur douze mâles qu'elle avait donnés, neuf portèrent le nom de Jean [2].

---

(1) Les *Ferrand* ont donné sept maires de 1573 à 1631.

*Brondeau* (voyez ci-devant, p. 31). Les registres de jurade de Libourne, mentionnent cette famille parmi les plus importantes de cette localité, dès l'an 1587. Une de ses branches dont les représentants étaient titrés *comtes* sur tous les actes publics et les brevets avant la Révolution, a ajouté à son nom et à ses armes, ceux de l'ancienne maison d'*Urtières*, en Savoie; à laquelle elle avait succédé plusieurs années avant 1789. Elle est aujourd'hui représentée par *Louis Édouard, comte de Brondeau d'Urtières (Nobiliaire de Guienne,* t. II, p. 443).

(2) La famille *Chaperon de la Rochelle,* (voyez ci-devant, page 8), conserve aussi par tradition, le nom de Jean, que les dernières générations se transmettent encore de père en fils. Elle a pour auteur connu, *Jean Chaperon,* né en 1642, inhumé à *Marsais ,* le 11 Septembre 1722. Son fils Jean et son petit-fils Jean, assistèrent à son enterrement. Son petit-fils, *Jean Chaperon,* marié à dame Marie Baudon, eut : 1.º CHARLES, établi à *Bourgneuf, paroisse de Marsais* (voy. ci-devant, p. 12). baptisé le 23 Mars 1723, qui a continué la filiation ; 2.º MARIE-SUZANNE, baptisée le 7 Septembre 1719, qui eut pour parrain Antoine Blouin, seigneur de Marsais , et pour marraine delle Marie de la Croix; 3.º MADELEINE , baptisée le 23 Janvier

## § IV

### DEUXIÈME BRANCHE

—

**I.** Noble ARNAUD CHAPERON [1], deuxième fils de Jullian, capitaine au régiment de Montausier, en Aunis après 1627, et en Guienne avant 1641, Maire de Libourne [2] en 1657 et en 1663, qualifié noble dans les paroissiaux, mort à Bordeaux. Il avait épousé Ysabeau Deymier, damoiselle, née le 17 Mars 1646, fille de Jean et de Marguerite Teissenier. Il était mort en 1668, car Isabeau Deymier agissait

1721, qui eur pour parrain Jean Chaperon, et pour marraine, dame Charlotte Laurens.

NOTA. — Vers l'an 1500, *Marsais* appartenait à Janot de Mauléon, parent de *Sybille Chaperon* (voy. ci-devant, p. 23). *Sybille Chaperon* vivait donc à cette époque, vers *Marsais*, d'où la famille *Chaperon* actuelle, de la Rochelle, tient les traditions qu'elle conserve. Sa famille était *originaire de Bretagne*. Le nom de *Jean* s'y perpétuait dans les aînés. Jean I, Jean II, Jean III, Jean IV, qui était le frère aîné de Sybille. Il y avait donc à cette époque, vers *Marsais*, une famille *Chaperon*, qui établissait par des faits, ce que la famille *Chaperon* actuelle de la Rochelle, conserve aujourd'hui par traditions, lui venant aussi de *Marsais*.

(1) Ainsi désigné dans les paroissiaux de Libourne. (Actes de naissance d'*Arnault de Penicault*, 17 Janvier 1641, de *Sulpice Chaperon*, 11 Juillet 1642, de *Catherine Chaperon*, 1er Octobre 1643.)

On trouve en 1679, un sieur *de Chaperon*, conseiller du Roi au Sénéchal Présidial de Libourne. (Archives, reg. 17. Jurade p. 69.)

(2) Le Maire de Libourne avait rang de comte. Il était élu pour deux ans. Pour être maire il fallait être bourgeois de la ville. Nul noble, s'il n'avait cette qualité, ne pouvait prétendre à exercer cette charge municipale. ( Guinodie, *Histoire de Libourne*.)

comme sa veuve, le 18 Janvier de ladite année. C'est lui qui reçut et harangua Mazarin, lors du passage de ce grand ministre à Libourne, le 13 juillet 1659.

De son mariage avec Isabeau Deymier :

1º PIERRE, mort jeune, sans alliance.

2º JEAN, qui suit.

3º CATHERINE, née le 1er Octobre 1643, qui fut baptisée le 4, et eut pour marraine Catherine Hervou, épouse de Jean Chaperon, greffier en chef à la Cour des aides, oncle de son père et chef de la branche aînée.

4º FRANÇOISE, mariée à Jean Berliquet, avocat à la Cour de Bordeaux.

5º JEANNE, femme de Jean Clémenceau, bourgeois de Bordeaux, dont une fille, Jeanne Clémenceau, épousa N... Barreyre, avocat à la Cour de Bordeaux, en 1746.

6º Louise, alliée à Jacques Petit, bourgeois de Libourne.

**III.** JEAN CHAPERON, né en 1650, fût parrain de Catherine de May, née le 1er Janvier 1664, qui eut pour marraine Catherine Couvrat. Son père a signé au registre, *pour mon fils Jean Chaperon, parrain :* Chaperon, capitaine et ancien maire. Il agissait encore comme habitant de Libourne, le 17 Janvier 1686 (*procès-verbaux de la Jurade*, Archives de Libourne). Il est désigné comme bourgeois de Bordeaux dans un arrêt concernant les enfants d'Arnaud Chaperon, capitaine, et d'Isabeau Deymier, arrêt rendu par le Sénéchal de

Libourne, le 12 Septembre 1699. On ne connaît pas ses alliances. Il eut un fils unique, Jean, qui suit.

**IV.** Messire JEAN CHAPERON DE TERREFORT, écuyer, seigneur de Terrefort [1], d'abord bourgeois de Bordeaux, puis greffier garde-minutes en la chancellerie près la Cour du Parlement de Bordeaux. Il rendit hommage au Roi, le 18 Mai 1708, et le 27 Juillet 1716, pour raison de la maison noble de Terrefort, paroisse de Cubzac, consistant en : un château, bois de haute futaie, cens, rentes agrières et autres, ses appartenances et dépendances, relevant de Sa Majesté à cause de son duché de Guienne. Pourvu de l'office de secrétaire du Roi, maison et couronne de France, Audiencier en la Chancellerie, près la cour des Aides, par lettres de provisions données à Versailles le 3 Mars 1730, *signé sur le repli, par le Roi : Robinot.* Prêta serment le 29 Mars et fut reçu et installé le 31. Il avait épousé dame Jeanne De Rines, et mourut en 1752 [2].

---

(1) **Terrefort**, paroisse de Cubzac. Ce fief relevait du Roi. En 1493, il appartient à N... *Achard,* seigneur de Terrefort. En 1514, à noble *François Achard,* écuyer. En 1524, à noble homme : *Gaston Achard.* En 1559, dénombrement rendu à *Gaston Achard,* écuyer. En 1636, à Noble *Raymond de Baritaud,* gentilhomme ordinaire de la Chambre du Roi. En 1646, à *Jean Gueyrosse,* conseiller du Roi en la Cour des Aides. Le même seigneur a fourni le dénombrement en 1657. *De Fayet,* possesseur suivant, vendit ladite seigneurie à *Jean Chaperon,* qui rendit son premier hommage le 18 Mai 1708. La terre et le château de Terrefort appartiennent aujourd'hui, par héritage, à *Laurent Just, baron de Malet,* petit-fils de Rose-Michelle Chaperon de Terrefort, comtesse de Monbadon.

(2) A sa mort son fils vendit sa charge de secrétaire du Roi au

## De ce mariage il procréa :

1° MARC, qui a continué la filiation.

2° JEANNE, mariée, le 8 Septembre 1723, à messire François-Joseph de Rolland, chevalier, seigneur de la Roque, de Villenave et autres lieux, conseiller du Roi en ses conseils, Président en la Cour des Aides et Finances de Guienne. Elle reçut la bénédiction nuptiale dans la chapelle domestique de Terrefort, suivant la permission de M. Despujols, vicaire-général, en présence de Jean Chaperon de Terrefort, son père, delle Jeanne De Rines de Chaperon, sa mère, Marc de Chaperon, son frère, Marie de Chaperon, sa sœur, Jean Clémenceau, delle Catherine Croisier, qui ont signé au registre avec les époux, et le curé de Cubzac, Deriex. De cette union plusieurs enfants morts en bas-âge, et un fils aîné, Jean-François, né le 11 Janvier 1725, conseiller *lay* au Parlement de Bordeaux, qui fut nommé Président à Mortier, le 9 Juin 1773, assista en 1789 à l'assemblée de la noblesse de Bordeaux, et fut guillotiné en 1794. Il avait épousé, dame Marie-Madeleine de Thilorier. En mourant, il laissait quatre filles et un fils, Armand-Louis-Jean-Marie de Rolland, qui a continué la filiation, et dont la descendance est représentée, aujourd'hui, par Joseph-Louis-Victor, marquis de Rolland, qui a épousé Juliane de Puch de Montbreton. Par acte du 13 Mai 1776, Duprat, notaire à Bordeaux, agissant comme veuve, elle fit cession de ses droits, comme

---

sieur Pierre Mirambel, prévôt de la ville et prévôté de Bazas, par acte du 15 Novembre 1752. ( Cabinet de M. J. de Bourousse de Laffore. )

*héritière coutumière*, de feue Caherine Chaperon, sa cousine, petite-nièce et héritière universelle de Jean Chaperon, conseiller au Présidial, qui était devenu, par la mort de son frère Jacques, chef de la branche aînée, alors éteinte.

3° Marie de CHAPERON, baronne de Beautiran, châtelaine de l'île Saint-Georges, dame de Laprade, de Lartigue et autres lieux, mariée à messire Guillaume-Joseph de Saige, conseiller secrétaire du Roi, en la chancellerie, près le Parlement de Guienne. Le 29 Août 1774, devant les chevaliers Présidents trésauriers de France, la tête nue, les deux genoux à terre, sans ceinture, épée ni éperons, tenant les mains jointes, elle fit et rendit foi, hommage et fidélité au Roi Louis XVI, Roi de France et de Navarre, pour raison de : 1° La maison noble de Lavie, domaines, fiefs, cens, et rentes, etc., commune de Pessac; 2° Son hôtel noble de la rue Sainte-Catherine, paroisse Saint-Projet, ensemble, le fief noble de Lartigue, paroisse Saint-Remy, dépendant dudit hôtel; 3° La terre et seigneurie de Laprade, en toute justice, haute, moyenne et basse. Le tout relevant de Sa Majesté à cause de son duché de Guienne. Elle signe ses hommages veuve de Saige, homagère et Chevalier. Elle assistait à l'assemblée de la noblesse de la sénéchaussée de Guienne, séante à Bordeaux, en 1789.

**V.** Messire Marc CHAPERON de TERREFORT, chevalier, seigneur de Terrefort, de Lataste et autres lieux, conseiller du Roi, trésaurier général de France,

Président au bureau général des finances, juge du domaine du Roi, et grand voyer de la Généralité de Guienne. Il rendit hommage au Roi le 27 Août 1753, à raison de la maison noble de Terrefort dont il avait hérité de son père. Il épousa, le Mardi 7 Août 1730, en l'église de Sainte-Eulalie à Bordeaux, delle Anne de Cazenave de Tenac, fille de Messire Arnaud Casenave, écuyer, seigneur de Tenac, et de dame Marie de Lachèze. Ont signé avec les époux : Chaperon père, de Chaperon mère, de Tenac père, messire Jean de Lachèze, trésorier de France, messire Pierre Bergeron, écuyer, messire Philibert-Jean Debiré, écuyer. Il était mort le 12 Mars 1785, comme on le voit par l'acte de mariage de son fils Arnaud-Julien, avec dame Marie-Bertrande Bardy des Essards, acte daté de ce jour.

### De ce mariage sont issus :

1º FRANÇOIS-JOSEPH CHAPERON de TERREFORT, seigneur de Terrefort, baron de Tustal, de Calamiac et de Jos. Pourvu de l'office de conseiller-*lay* au Parlement de Bordeaux, avec dispense d'âge de sept mois, par lettres de provisions données à Versailles le 26 Janvier 1759 ; *signé sur le repli : Par le Roi : Dennet*, et scellées du grand sceau de France sur cire jaune ; reçu le 14 Mars suivant. Il était né le 23 Août 1734, et du vivant de son père, il lui avait succédé, avant 1771, dans la propriété de la terre et seigneurie de Terrefort ;

vota aux assemblées de la noblesse de la sénéchaussée de Guienne en 1789, et périt sur l'échafaud révolutionnaire en 1793. Il avait épousé le 19 Janvier 1768, en l'église de Sainte-Eulalie à Bordeaux, delle Marie-Elizabeth de Gaigneron des Vallons, fille de feu noble Roger, ancien capitaine de cavalerie, et de dame Marie Papin, et cousine germaine [1] de Marie-Roze-Joséphine de Tascher de la Pagerie, première femme de Napoléon 1er, et aïeule de Napoléon III. Furent présents à ce mariage : Messire Marc de Chaperon, père de l'époux ; messire François de Calmeilh, porteur de procuration pour l'épouse et son curateur ; Joseph-Emmanuel de Villeneuve ; François-Augustin du Boscq, Arnaud-Julien Chaperon de Saint-Julien, Claude Roger des Vallons, Tenac de Chaperon, mère ; Roze des Vallons ; Raine des Vallons, qui ont signé ; et aussi, Jean-Joseph de Chaperon, chanoine de Saint-André, pour avoir fait le mariage. De cette union sont issues :

a. ANNE-CLAUDINE-RENÉE-JULIE CHAPERON de TERRE-

---

(1) Madame *Des Vergers de Sannois*, créole de la Martinique, a eu trois filles et un fils. Ces filles sont devenues : Madame *Tascher de la Pagerie*, Madame *Poquet de la Tuilerie* et Madame *Gaigneron des Vallons*. Madame *Tascher de la Pagerie*, a eu une fille, *Marie-Rose-Joséphine*, qui est devenue Madame *de Beauharnais*, puis impératrice. Madame *Gaigneron des Vallons* a eu quatre filles, dont l'une, *Marie-Elizabeth*, est devenue Madame *Chaperon de Terrefort*. L'impératrice *Joséphine* et Madame *Chaperon de Terrefort* étaient donc cousines germaines.

Madame *de Beauharnais* a eu une fille, *Hortense*, qui a épousé *Louis Napoléon*, roi de Hollande, d'où un fils, *Louis*, devenu *Napoléon III*. Madame *Chaperon de Terrefort* a eu deux filles, dont l'une, *Rose-Michelle*, devenue comtesse de Monbadon, a eu un fils, le *comte de Monbadon*, et deux filles, l'une Madame *de Malet*, l'autre Madame *de Vassal*. Napoléon III, le comte de Monbadon, la baronne de Malet et la baronne de Vassal, sont donc issus de la même souche, et étaient cousins au quatrième degré.

FORT, dernière représentante du nom de Terrefort,
née le 28 Octobre 1771, elle eut pour parrain messire
Claude-Roger de Gaigneron des Vallons, écuyer, et
pour marraine, dame Anne de Cazenave de Tenac,
son aïeule ; morte le 12 Avril 1834. Elle légua, par
testament du 10 Mars 1827, une rente perpétuelle [1]
de 500 francs pour l'entretien d'un élève pauvre au
grand séminaire de Bordeaux. Elle avait donné, de son
vivant, sa maison de la rue des Ayres à la paroisse
de Saint-Pol qui en a fait son presbytère. Sur l'un des
piliers de la grande nef de cette église, une inscription
sur plaque de marbre consacre le souvenir de ce don
pieux :

## A PERPÉTUITÉ

### SERVICE FUNÈBRE LE 11 AVRIL

#### POUR LE REPOS DE L'AME

#### DE MADEMOISELLE JULIE

## CHAPERON DE TERREFORT

#### BIENFAITRICE GÉNÉREUSE

#### DE L'ÉGLISE DE SAINT-POL.

*b.* ROSE-MICHEL-CASIMIR CHAPERON de TERREFORT,
née le 9 Mai 1776. Elle eut pour parrain Michel-Casimir
Chaperon de Lataste, chevalier, seigneur de Lataste, son

---

(1.) Faculté à ses héritiers de se libérer en versant 10,000 francs
ce qui a été fait le 15 Mai 1834, par ses trois héritiers : *comte de
Monbadon, baron de Malet, baron de Vassal*. La désignation de l'élève qui
doit jouir de la bourse appartient actuellement à Mesdames *de Malet*
et *de Vassal*, à tour de rôle.

oncle, et pour marraine, Françoise-Roze de Gaigneron des Vallons, sa tante, et mourut à Bordeaux le 29 nivôse 1805. Elle avait épousé Laurent de la Faurie, comte de Monbadon, chevalier, seigneur, baron de Monbadon, comte de Moncassin, sénateur et maire de Bordeaux sous l'empire, pair de France, maréchal-de-camp, chevalier de Saint-Louis, grand'croix de la Légion-d'Honneur, mort à Bordeaux, le 29 Décembre 1841. Elle a eu de cette union : 1° Julien-Amédée de la Faurie de Monbadon, né le 12 Novembre 1796, qui a épousé, en 1833, Laurence-Félicité-Évelina d'Abbadie, dont une fille unique Adèle-Laurence-Amélie, mariée à Louis-Bathelémy, vicomte de Las Cazes-Beauvoir, et morte le 10 Octobre 1859, au château de Terrefort, dont son père avait hérité; 2° Jeanne-Léontine de la Faurie de Monbadon, mariée à Henri, baron de Malet de Sorges, laquelle à la mort de son frère, le 5 Mars 1860, reçut de lui, par donation, la terre et le château de Terrefort, qu'elle a laissés à son fils, Laurent-Just, baron de Malet, allié le 5 Octobre 1858, à Louise-Joséphine-Serène-Marie de Bouillé, qui les possède aujourd'hui; 3° Marie-Zelima de la Faurie de Monbadon, mariée en 1824, avec Philippe-Armand, baron de Vassal-Cadillac.

2° MICHEL-CASIMIR CHAPERON de LATASTE, chevalier, seigneur de Lataste, commune de Langoiran, capitaine aide-major avant 1776, au Royal-Champagne-Cavalerie, vota à l'assemblée de la noblesse de la sénéchaussée de Guienne, pour l'élection des Députés aux États-Généraux de 1789.

3° ARNAUD-JULIEN, qui a continué la filiation.

4° Jean-Joseph, chanoine de la cathédrale de Saint-André, célébra, le 19 Janvier 1768, en l'église de Sainte-Eulalie, à Bordeaux, le mariage de son frère François-Joseph, avec Marie-Adelaïde de Gaigneron des Vallons.

5° Le chevalier N... de CHAPERON, sur lequel on n'a pas de renseignements.

6° Jeanne-Félicité, mariée le 22 Avril 1751, à messire François-Augustin du Boscq, écuyer, conseiller du Roi, clerc et secrétaire ordinaire de la ville et cité de Bordeaux, seigneur des maisons nobles de Tenac et de Ciran, en Médoc. Elle a eu de cette union : **1°** Marc-Henry, baron du Boscq, marié à Marie-Louise de Castelnau d'Essenault, dont Jules-Victor, baron du Boscq, mort sans alliance ; **2°** Jacques, chevalier du Boscq, marié deux fois, 1° à Pétronille Alezais, dont Marc-Henry, baron du Boscq, aujourd'hui juge d'instruction près le tribunal civil de Libourne, qui a épousé, en 1837, Marie-Anne Pedeselaux ; 2° à Marie-Rose-Catherine-Françoise de Maignol de Bordes, dont Joseph-Alphonse du Boscq, marié en 1844, à Anne-Zélie France ; **3°** dame Marie du Boscq, mariée en 1782, à Jean-Charles, comte de la Roque-Bouillac ;

7° Jeanne, conjointe avec Joseph-Emmanuel de Villeneuve de Durfort, chevalier, seigneur baron de Macau, Ludon, Cantemerle et Mestarieu, conseiller au Parlement de Bordeaux, qui, en 1759, résigna volontairement son office en faveur de son beau-frère, François-Joseph de Chaperon, et fut convoqué à l'assemblée de la noblesse de la sénéchaussée de Guienne, séante à Bordeaux, en 1789 ;

8º Delle N... de CHAPERON, conjointe avec Pierre de Lamothe, lieutenant de Roi, gouverneur de la citadelle de Blaye.

**VI.** Messire Arnaud-Julien CHAPERON de SAINT-JULIEN, écuyer, seigneur des maisons nobles de Saint-Julien et de Galateau, fut marié deux fois : 1º A delle Jacquette de Piffon ; 2º le 12 Mars 1785, en l'église de Sainte-Eulalie, à Bordeaux, à dame Marie-Angélique-Bertrande Bardy des Essarts, fille de Bernard, ancien capitaine d'infanterie et de feue dame Thérèze Duverger. Les témoins furent Pierre Gabouriau, Pierre de Lamothe, Messire Louis-Maurice des Essarts, fils aîné, officier d'infanterie, frère de l'épouse, Messire Jean-Baptiste Valade, officier de cavalerie. Il a eu de son premier mariage : 1º Pierre, mort à Macau, qui n'a pas laissé de lignée ; 2º Marie-Julie-Jacquette, conjointe en 1698, avec Jean de Cambon dont le frère aîné, Jean-Éléazar de Cambon, avait émigré puis fait partie de l'armée des Princes ; dont une fille, Marie-Amélie-Coralie de Cambon, née en 1803, qui a épousé en 1829, Jean-Antoine Betgé-Lagarde, et mourut à Macau, en 1854, laissant trois enfants : a. Jean-Antoine-Léonce, né en 1830, marié à Catherine de Saint-Angel, et décédé en 1861 ; b. Pierre-Marie-Casimir, allié en 1859 à Marie-Charlotte de Bresetz ; c. Pierre-Paul, qui a épousé en 1860 Marie Espaignet de Sainte-Bazeille, et est domicilié au château de Cambon, à Macau. Et du second mariage : 1º Pierre-

Casimir, dont l'article suit ; 2° Joséphine, mariée en 1828 à Pierre-Constantin, qui fut pendant longtemps maire de Rions, décédée en 1833, laissant trois fils : *a.* Pierre-Ludovic, né en 1829 ; *b.* Pierre-Thomy, propriétaire du domaine de famille, et domicilié à Rions, près Cadillac ; *c.* Hector, né en 1833.

**VII.** Messire PIERRE-CASIMIR CHAPERON DE SAINT-JULIEN, né le 14 Octobre 1785, en la paroisse de Capian, arrondissement de Bordeaux, s'est trouvé l'unique et dernier représentant de cette branche, devenue l'aînée, par l'extinction de la première, en la personne de Jean Chaperon, doyen au Présidial de Libourne, (*degré IV,* § III), mort sans hoirs masculins, de son mariage avec Thérèze de Ferrant. Il est mort lui-même à Bordeaux, le 29 Novembre 1869, et a été enterré à Rions, où se trouvait située la terre de Saint-Julien [1]. Avec lui la deuxième branche se trouve complètement éteinte, et la famille Chaperon reste uniquement représentée aujourd'hui, par la troisième branche, dont le tronc est demeuré à Libourne.

---

(1) La terre de Saint-Julien est aujourd'hui en grande partie la propriété des RR. PP. Carmes déchaussés, qui y ont établi leur noviciat au lieu appelé Rions, au-dessus de Cadillac.

## § V.

### TROISIÈME BRANCHE

—

**I.** Arnaud **CHAPERON**, troisième fils de Jullian, fut parrain d'Éléonore Chaperon, fille de Jean, chef de la branche aînée, et de Catherine Hervou, qui, née le 24 Avril 1646, fut baptisée le 24 Novembre, en l'église de Saint-Jean-Baptiste, et eut pour marraine Éléonore d'Eyghem, veuve de David, avocat au Parlement et descendante de Michel Montaigne. Il épousa Catherine Ollivier, fille de Jean Ollivier, lieutenant pour le Roi à Fronsac [1].

De ce mariage, entre autres enfants :

**III.** Ignace **CHAPERON**, conseiller du Roi, procureur au Présidial, Jurat, qui était greffier criminel de Libourne, le 16 Mars 1686. Né le 12 Août 1645, il fut baptisé le 24, et eut pour parrain Jean Ollivier, son grand-père, qui a désiré qu'il fut nommé Ignace, et, pour marraine, Hermaine Ollivier, sa tante. Il fut marié deux

---

(1) **Fronsac**, chef-lieu de canton, à 2 kilomètres de Libourne. C'était autrefois le titre d'une duché-pairie considérable, érigée en 1608, par Henri IV, en faveur de *François d'Orléans, comte de Saint-Pol*. Éteinte en 1631 par la mort de ce seigneur, elle fut rétablie en 1634, en faveur du cardinal de *Richelieu*, qui y substitua son neveu *Armand-Jean de Vignerot*. L'aîné des Richelieu portait le nom de duc de Fronsac, du vivant de son père.

fois : 1° le 15 Avril 1679 à Jeanne David, fille de Pierre David [1] et de Jeanne Voysin, dont Arnaud, qui suit ; 2° à Jeanne Dumugron, née le 9 mai 1652, fille d'Antoine et de Jeanne Rozier, dont Jean-Joseph, rapporté au § VI. Par son premier mariage, avec Jeanne David, il s'alliait aux Eyghem de Montaigne, famille de Michel, seigneur de Montaigne, conseiller au Parlement de Bordeaux en 1554, l'auteur des *Essais*.

**IV.** Arnaud CHAPERON, procureur au Sénéchal, marié le 20 Janvier 1712, à Marie de Joncqua, fille de Jean, ancien Jurat et de Catherine Badailh.

D'où :

**V.** Jean CHAPERON, marié le 26 Septembre 1742 à Louise de Bousquet, fille de Mathias, bourgeois de Bordeaux, et de Catherine Badaille.

Ils eurent :

1° Jean-Mathias, qui suit :

2° Jean-Mathias-Auguste, rapporté au § VI;

3° Isabelle, mariée à Auguste Decazes, frère de Michel Decazes de Monlabert, conseiller du Roi, lieutenant particulier au Présidial de Libourne, qui, marié le 1er Janvier 1779 à Catherine Trigant de Beaumont [2], fut père d'Élie, duc Decazes;

---

(1) Les *David* se trouvent presqu'à l'origine de Libourne, occupant les premières fonctions administratives. Ils ont donné des maires en 1520, 1543, 1603, 1637, etc. (E. Burgade, archiviste de Libourne.)

(2) Si l'on s'en rapporte aux papiers de la famille *Trigant*, qui a recueilli ceux d'Édouard Trigant, cordelier, confesseur et aumônier de la

4º HENRIETTE, alliée à Lagrèze, qui était sous-préfet de Libourne en 1806.

**VI.** JEAN-MATHIAS CHAPERON, né le 18 Juillet 1753, épousa au mois d'Octobre 1772, Madeleine Durand-Lagrangère, fille de Jean et de Marie - Françoise Barboteau.

Ils eurent :

1º JEAN CHAPERON, dit GRANGÈRE, né le 12 Juillet 1773, marié le 10 Mars 1802 à Marguerite Ruleau, fille d'Élie et de Marie Berthomieu de Mauvezin d'où : PIERRE-EUGÈNE CHAPERON-GRANGÈRE, né le 26 Avril 1818, marié le 23 Septembre 1851 à Marguerite Exshaw, fille de John et de Suzanne Corisne Guestier ;

2º BERTRAND-HYACINTHE-AMANT CHAPERON, né le 14 Octobre 1774, marié le 13 Avril 1806 à Catherine Banizette, fille de Jean-Baptiste et de Jeanne-Rose Beschadergue-Lagrèze, d'où : *a*. Eugène, né le 12 Octobre 1809, marié le 9 novembre 1841 à Catherine Bayez, des sieurs du Soucat, fille d'Antoine et d'Élisabeth Ladurantie. Leur fille, Marguerite-Thérèse, a épousé le 10 Octobre 1871 Edmond, comte de Chalendar, capitaine de cavalerie au 9ᵐᵉ hussard. Elle a reçu la bénédiction nuptiale dans leur chapelle domestique du Soucat, voisine de Terrefort ;

princesse de Galles, pendant son séjour à sa résidence de *Condat*, les Trigant descendent d'un Edgard Trigant, fils naturel d'Henri III, roi d'Angleterre, père d'Édouard Iᵉʳ. Certains d'entre eux ont pris le nom de *Beaumont*, en souvenir d'un *Trigant-Beaumont*, écuyer du *prince Noir* (prince de Galles, fils d'Édouard III), qui se distingua sous ses yeux à la bataille de Crécy (Souffrain, t. I, p. 88).

*b.* James, né le 26 juillet 1812, marié le 29 Août 1842 à Élisabeth Baurez, fille d'Augustin-Amand et de Louise-Angélique Ménoire; *c.* Amédée, né le 17 Octobre 1817, marié le 22 Juillet 1852 à Marie Puchaud, fille de Michel et de Marie Fourcault.

## § VI

**IV.** Jean-Joseph CHAPERON, fils d'Ignace et de Jeanne Dumugron, rapporté ci-devant (III § V), procureur au Présidial, Jurat, en 1735 et en 1757, né le 13 Novembre 1698, épousa le 4 Mars 1726 Anne Desèze, fille de Pierre Desèze, sieur de Mondot, et de Catherine Brunet. Il reçut la bénédiction nuptiale en l'église de Saint-Émilion, en présence de Desèze de Mondot, père; Chaperon, frère; Proteau et Labagnières qui ont signé au registre.

De ce mariage :

Paul-Romain, dont l'article suit :

**V.** Paul-Romain CHAPERON, né le 20 Avril 1732, eut pour marraine Catherine Brunet, sa grand'mère maternelle. Jurat en 1769, conseiller du Roi faisant les fonctions de procureur du Roi à l'assemblée de la noblesse de Libourne, tenue le 16 Juillet 1789, il périt sur l'échafaud révolutionnaire le 4 Novembre 1793[1]. Il était

_____

(1) Le 4 Novembre, la générale battue, la garde nationale sous les

cousin-germain de Romain Desèze, le défenseur de Louis XVI [1].

**VI.** Jean-Mathias-Auguste CHAPERON, né en 1743, second fils de Jean et de Louise de Bousquet, rapportés ci-devant, épousa le 16 Janvier 1683 Marie Granseau, fille de Guillaume et de Jeanne Dégrave. Il mourut le 25 Octobre 1825, laissant :

1° Louis, qui suit :

2° Guillaume Chéry, ancien officier d'infanterie, né le 16 Mai 1790, mort le 30 Septembre 1870, sans alliance. Il assista à Lutzen, à Botzen, à Dresde et à Leipzig, où il fut fait prisonnier. Il avait été blessé d'un coup de feu au genou à la bataille de Salamanque, au 122e régiment, sous Marmont.

**VII.** Louis CHAPERON, né à Libourne, le 17 Septembre 1784, épousa le 8 Novembre 1812, à Morlaix, Magdeleine-Angélique-Aimée Alexandre, fille de Gabriel-

---

armes, et le tribunal révolutionnaire en séance, on fit traduire les infortunés Chaperon et Tranchère, qui furent condamnés à mort. Renvoyés l'un et l'autre à la conciergerie pour quelques moments, Chaperon, cet honnête homme digne d'un meilleur sort, avocat distingué, ami des arts, et à qui nous devons un *Traité de la Peinture au pastel*, imprimé à Paris, se confessa avant d'aller à l'échafaud. Ses propres concitoyens sous les armes assistèrent à son supplice. Quelques-uns, en voyant tomber sa tête, crièrent : *Vive la République;* d'autres eurent le courage de verser des pleurs (Souffrain, t. IV, p. 513).

(1) Romain Desèze, le défenseur de Louis XVI, était fils de Jean Desèze, et de delle Dubergier. Ledit Jean était fils de Pierre Desèze et de Catherine Brunet, et frère d'Anne Desèze. Romain Desèze était donc le cousin-germain de Paul-Romain Chaperon.

Henri et de Cécile Blet; à la suite de ce mariage il se fixa en Bretagne, et mourut à Morlaix le 13 Mai 1852.

Il a laissé entre autres enfants :

HENRI, dont l'article suit :

**VIII.** CHARLES-HENRI CHAPERON, né le 13 Avril 1818, capitaine de frégate, officier de la Légion-d'Honneur, chevalier de l'ordre du Mérite militaire de Savoie, décoré de l'ordre impérial du Medjidié, médaillé de Crimée et d'Italie. Il a épousé, le 22 Juin 1852, en l'église paroissiale de Saint-Louis, à Brest, Augustine-Élisa Buglet, fille de François Buglet, capitaine de vaisseau, chevalier de Saint-Louis, commandeur de la Légion-d'Honneur, et de Jeanne-Louise-Virginie-Zoé Lavallée.

Il est le représentant actuel de cette branche à Brest, en Bretagne.

Le titre de baron, porté par le chef de la branche aînée, n'a pas été relevé depuis la mort de FRANÇOIS-JOSEPH CHAPERON DE TERREFORT, baron de Tustal, guillotiné en 1793.

# LES VIII QUARTIERS

DE

# Gaspard CHAPERON

CHEVALIER DE MALTE

# LES VIII QUARTIERS

## De Gaspard CHAPERON

**Chevalier de Malte**

———————

**CATALOGUE** *des Chevaliers de l'Ordre de Saint-Jean de Jérusalem, de la vénérable Langue de France, du Prieuré d'Aquitaine, avec les Quartiers qui ont servi à leurs preuves admises à Malthe, lors de leur réception, copiés sur les registres des Archives de la Langue de Malthe.*

(Manuscrit de la Bibliothèque de l'Arsenal, p. 530 de l'original.)

———

**Gaspard CHAPERON de Bourgneuf**, diocèse de Poitiers, reçu le 24 Avril 1629, était fils d'Émerend Chaperon, écuyer, seignenr de Bourgneuf, et de Jeanne des Aubus.

Ledit ÉMEREND était fils de Jean Chaperon, seigneur de Bourgneuf, et de Léonore des Rouziers; — ledit Jean était fils de Jacques Chaperon, seigneur de

5

Bourgneuf et de Ladelin, et de Jacqueline Boyvin,
fille de Jean Boyvin, écuyer, seigneur de Montail,
et d'Isabeau de la Touche ; — ledit Jacques était fils
d'André Chaperon et de Perrette Laurence ; — ledit
André était fils de Jean Chaperon et de Denyse de
Saint-Jouyn ; — ledit Jean était fils de Gilles Chaperon
et de Jeanne d'Escoubleau ; — et ledit Gilles était
fils d'Auvergnais Chaperon, chevalier, seigneur de la
Lande Chaperon et de Terrefort, Chambellan du Roi
Charles VII, lequel avait un frère chevalier, nommé
Charles Chaperon, qui est en la page 18. *(Voir les
VIII Quartiers de Charles Chaperon.)*

Ladite LÉONORE DES ROUZIERS, ayeule paternelle,
était fille de Charles des Rouziers, écuyer, seigneur
de la Guérinière, Girnerie et Châteauneuf en Anjou,
et de Gabrielle de Marconnay, fille de Louis de
Marconnay, seigneur dudit lieu, Coulombiers et
Pouancey, et de Françoise de Marconnay ; — et ledit
Charles était fils de Mathurin des Rouziers et d'Anne
de la Baudrière ; — et ledit Mathurin était fils d'autre
Mathurin des Rouziers, écuyer, seigneur des Champs,
et de Jeanne Le Roux.

Ladite JEANNE DES AUBUS, mère, était fille d'Annibal
des Aubus, écuyer, seigneur de Morton et d'Elisabeth
de Fougère ; — ledit Annibal était fils de Gaspard

des Aubus, seigneur de Morton, et d'Andrée du Rivau ; — ledit Gaspard était fils de Raoul des Aubus, seigneur de Morton et du Plessis-Greffier, et d'Andrée de Sery ; — et ledit Raoul était fils d'Antoine des Aubus, écuyer, seigneur de Coulombiers, en Touraine.

Ladite ANDRÉE DU RIVAU, bisayeule maternelle, était fille de René du Rivau, chevalier, seigneur de Villiers, Boyvin et Chasseigne, Gouverneur de Loudun et lieutenant des Gardes-du-Corps, et de Catherine de la Jaille ; — ledit René était fils de Guillaume du Rivau et de Jacqueline de Broc.

Ladite ELISABETH DE FOUGÈRE, ayeule maternelle, était fille de Gabriel de Fougère, écuyer, seigneur de Forges, Coulombiers et du Breuil, et d'Elisabeth Martel ; — ledit Gabriel était fils de Jacques de Fougère et de Françoise de Sanzay ; — ledit Jacques était fils de Pierre de Fougère et de Marguerite de Bridiers ; — et ledit Pierre était fils de Philippe de Fougère et de Marie de Leffe.

Ladite ELISABETH MARTEL, seconde bisayeule maternelle, était fille de Gabriel Martel, écuyer, seigneur de Tricon et de Launay, et de Léonore Zapatte, dame espagnole ; — ledit Gabriel était fils de René Martel, écuyer, seigneur de Tricon, capitaine des Gardes du Roi, et de Jeanne Desmierre; — et ledit René était fils de Jeoffroy Martel et de Jeanne d'Asnières.

# ARMES

## des huit Quartiers de Gaspard CHAPERON

PORTAIENT :

| | |
|---|---|
| **CHAPERON**...... | D'argent, à trois chaperons de gueules. |
| **LAURENCE**...... | D'or, semé de fleurs de lys de gueules. |
| **BOYVIN**........ | D'argent, à deux chevrons de sable. |
| la **TOUCHE**..... | D'or, au lion de sable couronné de gueules. |
| des **ROUZIERS**.. | D'argent, au chevron d'azur, accompagné de trois boutons de rose de sinople fleuris de gueules. |
| **MARCONNAY**.... | De gueules, à trois pals de vair, au chef d'or. |
| la **DAUDRIÈRE**.. | D'argent, semé de fleurs de lys de gueules, |
| des **AUBUS**..... | D'azur, à trois pots à deux anses d'or. |
| **SERY**.......... | D'or, au lion de sable. |
| du **RIVAU**...... | D'or, à trois fusées et demie, posées en fasce de gueules. |
| **FOUGÈRE**....... | De gueules, à trois lambeaux d'or. |
| **MARTEL**. ...... | D'or, à trois marteaux de gueules. |
| **ZAPATTE**....... | De gueules, à cinq brodequins échiquetés de sable et d'argent. |

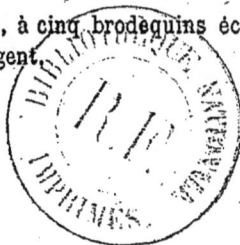

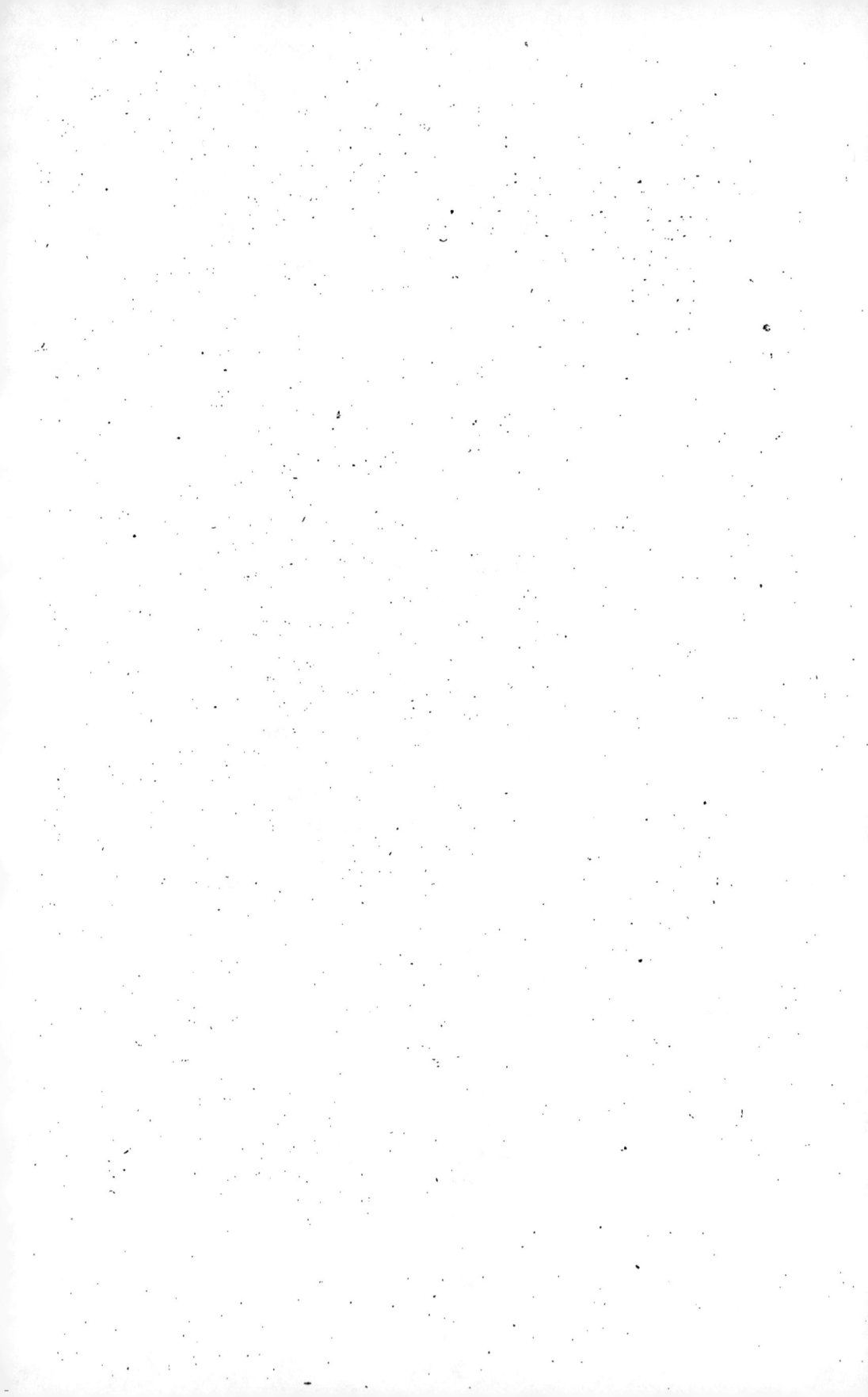

www.ingramcontent.com/pod-product-compliance
Lightning Source LLC
Chambersburg PA
CBHW070948280326
41934CB00009B/2043